El arte y el negocio del marketing de afiliados

¿Qué es el Marketing de Afiliados?

El marketing de afiliados es un tipo de marketing en el que un individuo promueve

producto o servicio de la persona y hace una comisión de cada venta. El afiliado

comercializador no tiene responsabilidades por la calidad del producto, la entrega o el mantenimiento de

producto – aparte de la responsabilidad moral con sus clientes de promover

productos de alto valor para ellos.

¿Por qué participar en el Marketing de Afiliados?

El marketing de afiliados le permite trabajar a tiempo parcial o a tiempo completo mientras

la construcción de un ingreso residual generoso.

"El ingreso residual (también llamado ingresos pasivos o recurrentes) es un ingreso que

se sigue generando después de que se gaste el esfuerzo inicial." -Marty Foley

El marketing de afiliados es uno de los métodos más fáciles que conozco para ganar dinero con

poco o ningún costo de inicio y muy poco conocimiento tecnológico necesario.

También hay métodos de marketing presupuestario efectivos de baja a ninguna disponible --

el propietario del producto está haciendo el mayor marketing para ganar exposición al producto o servicio.

El marketing de afiliados es algo que puedes comenzar inmediatamente mientras estás aprendiendo

para crear sus propios productos y sitios web.

El marketing de afiliados es una actividad generadora de ingresos que puede hacer mientras

construir su principal flujo de beneficios de Internet

Proceso de Promoción de Afiliados

A continuación verá otro diagrama de flujo que he reunido para usted que le ayuda a

ver el proceso básico de flujo de Marketing de Afiliados en el que participará durante

su Marketing de Afiliados.

Formas comunes de promocionar productos afiliados

En este punto sólo voy a enumerar algunas grandes maneras en que siento que podría

concéntrese en promocionar sus productos de afiliados cuando usted está empezando su

Empresa de Marketing de Afiliados. En las siguientes páginas vamos a entrar en más detalles

en los que creo que sería mejor para un principiante para empezar.

Promociones de lista: al desarrollar una relación con tu lista, puedes

artículos que usted siente que serían valiosos para ellos.

Blogging- Blogging es otra forma increíble de promocionar productos de afiliados. Pagado

los blogs, donde compras y alojas tu propio dominio, son los más eficaces.

Sin embargo, hay alternativas gratuitas que también pueden ser efectivas.

Algunos sitios donde puedes configurar un blog gratuito:

- Blog de Blogger – http://www.blogger.com
- WordPress – http://www.wordpress.com
- Weebly – http://www.weebly.com
- Marketing en redes sociales
- HubPages – http://www.hubpages.com
- Squidoo – http://www.squidoo.com

Marketing de artículos

- Artículos de Ezine - http://www.ezinearticles.com
- Ir Artículos - http://www.goarticles.com/
- Panel de artículos – http://articledashboard.com
- Artículos fáciles – http://www.easyarticles.com

Video Marketing (revisiones/beneficios de productos)

- YouTube – http://www.youtube.com
- Gente real – http://www.realpeoplerealstuff.com
- Revver – http://www.revver.com
- Vídeo mySpace - http://vids.myspace.com/

Marketing en foros

Es necesario realizar una búsqueda del foro de nicho que se adapte a sus necesidades de marketing.

Anuncios clasificados

- CraigsList – http://www.craigslist.com
- USFreeAds – http://www.usfreeads.com
- Backpage – http://www.backpage.com
- Kijiji – http://www.kijiji.com
- Oodle – http://www.oodle.com

Sitios de redes sociales

- Facbook – http://www.facbook.com
- Twitter – http://www.twitter.com
- Grupos de Yahoo – http://groups.yahoo.com
- MySpace – http://www.myspace.com
- Ning – http://www.ning.com

Publicidad de pago por clic

- Google Adwords – http://adwords.google.com
- Yahoo Search – http://searchmarketing.yahoo.com
- Microsoft – http://advertising.microsoft.com

Venta, cliente potencial o clic

Las redes de afiliados están diseñadas para compensar a sus afiliados en base a 3 tipos de acciones: pago por clic (PPC), pago por cliente potencial (PPL) y pago por venta (PPS).

Pagar por clic

Pagar por clic significa cuando un visitante a una página web hace clic en un enlace de afiliado, el

afiliado gana una cierta cantidad.

Todo lo que el visitante tiene que hacer es hacer clic a través y ver el anuncio - no

requieren cualquier otro tipo de acción para que el afiliado reciba el pago.

PPC es generalmente el tipo de acción de pago más bajo, pero el más fácil de completar.

Pagar por cliente potencial

Un visitante hace clic en un enlace de afiliado y rellena un formulario solicitando más

información, unirse a un boletín informativo o grupo en línea.

Por lo general, la PPL no requiere una transacción en efectivo ni información de tarjeta de crédito.

Pagar por venta

Pagar por venta suele ser el tipo de acción que más se paga. También es el más difícil (generalmente) para completar.

En PPS, el visitante debe completar una compra o ingresar su tarjeta de crédito para participar

en un producto o oferta de prueba.

El afiliado obtiene un porcentaje (comisión) de la venta.

Programas de afiliados de "dos niveles y tres de nivel"

Los programas de afiliados son programas de dos niveles que distribuyen comisiones basadas en

red de referencia de inscripciones y sub-afiliados. Como usted puede haber aprendido por ahora

con LeadLock hemos creado uno de los pocos programas de afiliados de 3 niveles!

Ejemplo: El afiliado A se registra en un programa de afiliados y recibe una recompensa por una venta

o dirigido por un visitante.

Si el Afiliado A atrae al Afiliado B para inscribirse en el mismo programa usando su registro

(o código de afiliado), el Afiliado B se convierte en un sub-afiliado del Afiliado A. Ahora

El afiliado B atrae a un afiliado - ahora está recibiendo la comisión principal de afiliados

y A está recibiendo comisiones en B y C - bastante genial!

Búsqueda de productos para promocionar

Cuando usted está buscando productos para promover hay algunos factores básicos que

debe tenerse en cuenta cuando se buscan productos.

También tenga en cuenta algunas de las siguientes recomendaciones cuando

recomendar un producto a su lista o como Afiliado para cualquier producto.

- Sea exigente con lo que promueve, y tómese el tiempo para asegurarse de que

todo lo que recomiendas es de valor legítimo.

- ¡Sé HONEST al hacer tus recomendaciones! Nada convertirá a la gente

lejos más rápidamente que un intento descarado de llenarlos lleno de bombo y aire caliente

sólo para que puedas ganar unos cuantos dólares rápidos.

- Tómese el tiempo para revisar el producto con anticipación para saber exactamente lo que

están promoviendo y que en realidad vale la pena el valor que está tratando de vender

alguien en. (Especialmente si es un Vendedor que no conoce muy bien, y usted no está familiarizado con la calidad del producto que entregan.)

No deberías estar vendiendo lo que no crees y, el hecho es que

testimonios personales harán mucho para aumentar sus ventas.

Factores determinantes de los productos afiliados

Algunas de las preguntas comunes que hacen los vendedores afiliados son estas. "¿Qué

producto debo vender como afiliado? ¿Qué productos de afiliados están vendiendo en caliente?

Simple y llanamente: La investigación es la única solución aquí.

- Los Deseos- Los Deseos son las dimensiones determinantes entre muchos

Opciones.

- Las Necesidades-Necesidades son las razones básicas por las que una persona está

producto o servicio.

- Los controladores de valor son los valores o intangibles

asociados con un producto o servicio. En realidad son parte de "deseos"

pero sus impulsores de valor se volverán extremadamente importantes cuando

productos o servicios no se diferencian de otros productos similares

ser ofrecido.

Los siguientes son tres excelentes lugares para encontrar productos que se pueden convertir en un

afiliado para:

- http://www.clickbank.com

- http://www.paydotcom.com

- http://www.cj.com de la http://www.cj.comde la Comisión

Otros lugares a considerar para revisar:

- http://www.click2sell.eu/

- http://www.shareasale.com/

- http://amazon.com

Factores a tener en cuenta al elegir un producto para promover

Hay muchos factores a tener en cuenta al seleccionar un programa de afiliados para promover.

Estas son solo algunas de las características que usted debe estar buscando al decidir qué productos de afiliados promocionar.

• Relevancia: Promover programas que complementen el tema de su sitio o

su nicho.

o Los visitantes ya están interesados en el tema de nuestro sitio, le da la

ventaja de una conversión de ventas más fácil.

• Calidad y Estabilidad: Hay una gran cantidad de Productos Afiliados, no

SETTLE para un programa que es descuidado sólo para tener un producto para promover..

o Busque buenas empresas de buena reputación que sean estables.

o Pida hablar con los afiliados existentes

o Asegúrese de que se proporcionan todos los datos de contacto.

• Comisiones: En lo que respecta a los porcentajes de comisiones, busque productos que

ganará una comisión mínima de $20.

o Con el fin de obtener los máximos beneficios, le recomiendo que comisiones al nivel 50% -100%.

o El producto de gama alta suele ser comisiones más bajas 25%-50%

o Comisiones de por vida. (su cliente que envió se le ha vida)

o Comisión Residual

o ¿Cuándo se pagan las comisiones

• Apoyo a Afiliados: Las mejores empresas con las que trabajar

Apoyo

o Material promocional disponible: anuncios de muestra, banners, logotipos

o Asesoramiento sobre la maximización de las ventas proporcionadas.

o Se deben proporcionar estadísticas sobre el clic a través de las ventas y ganancias y

actualizado regularmente.

o Capaz de obtener respuestas a sus preguntas en un período de tiempo razonable –

digamos, dentro de 24 horas. Sé razonable. Si el propietario de un producto está en un

medio de un lanzamiento importante su apoyo será generalmente más pesado y

pueden estar un poco atrasados.

Página de ventas o la página de tono

- Vea la página de lanzamiento para ayudarle a aprender más sobre el producto y obtener ideas sobre

cómo promocionarlo, como qué palabras clave podrían buscar las personas para encontrarlo,

beneficios que puede destacar en sus promociones, y más.

- Busque productos con buena página de ventas para comercializar como afiliado

- ¿Hay un buen titular fuerte y pegadizo

- Es página de ventas página de texto o página de ventas de vídeo

- ¿La página de ventas es limpia y fácil de navegar

¡Buenos testimonios válidos, sólidos y legítimos de personas reales!

- ¿Existe un buen y fuerte llamado a la acción

- ¿Tiene la página de ventas fugas que robarán sus comisiones

Advertencia - busque la página de ventas "fugas"

Como afiliado desea que el visitante lea a través de la página de ventas y golpee que

botón de pedido con usted conseguir crédito por la venta. Hay una serie de razones

por qué esto no sucede. Llamamos a estas fugas en la página de ventas.

- Enlace a una página de registro de afiliados. Su cliente potencial podría simplemente convertirse en un afiliado y comprar (robar su comisión) el

producto en sí mismo.

• El Propietario del Producto ofrece múltiples opciones de pago, por ejemplo, si

están utilizando un CLICKBank ID y ClickBank no es elegido no puede

obtener la comisión.

• El producto que está promoviendo es sólo uno de los muchos productos no relacionados

en una página - un apagón para el cliente potencial.

• Hay muchos enlaces externos que distraen al visitante de alcanzar

la página de pedido.

• El propietario del producto captura su comisión. Hay ofertas para unirse

una lista de correo o reclamar un informe gratuito: La mayoría de las veces obtendrá

acreditado por cualquier venta resultante de estos clientes potenciales, pero en ocasiones

puede encontrarse con un propietario de producto sin escrúpulos que puede

hacer la venta a través de su propio enlace.

Ocultación de enlaces

Una de las cosas críticas que debe hacer como vendedor afiliado es proteger su potencial de ingresos.

Al enmascarar o ocultar su enlace, puede proteger su ID de afiliado y su

comisiones de afiliados.

Aquí hay algunos lugares en los que puede registrarse para ayudarle a enmascarar su enlace de afiliado

y ayudarle a proteger sus comisiones de afiliados.

- Tie.ly – http://Tie.ly (Mi favorito personal)

- Generador de enlaces de energía (producto Mike Filsaime)

- Cli.gs - http://www.cli.gs/

- Uforgot.me - http://www.uforgot.me/

- BudURL - http://budurl.com/

¡Tantos programas de afiliados! ¿Cuál elijo?

Cuando empieces a buscar el último programa de afiliados para unirte, encontrarás

que te enfrentarás a cientos de posibilidades dondequiera que mires.

Elegir el programa de escritura de afiliados puede ser una gran parte del éxito que logra

como vendedor afiliado.

Estas son algunas cosas que deberías estar buscando para ayudarte a tomar la decisión correcta.

¿Te costará algo unirte? De los cientos y miles de

Programas de afiliados disponibles para que usted elija entre mi recomendación

es alejarse de aquellos que le piden que pague. Hay un montón de

programas para que usted elija entre los cuales le dará buenos resultados.

¿Cuándo emiten los cheques de comisión? Saber cuándo

recibir sus comisiones es siempre una buena cosa para averiguarlo. Algunos

pagar de inmediato después de una venta y otros esperarán 30 días o después

los períodos de reembolso han terminado para pagar sus comisiones. Sabiendo esto

información le ayudará a planificar sus propios presupuestos financieros.

¿Cuáles son las tasas de conversión? Conocer las tasas de conversión para el

productos que está promoviendo le ayudarán a ver si sus resultados de la

esfuerzos están en línea con otros que has promovido. Le ayudará a decidir

si el producto vale la pena promocionar en primer lugar.

Si usted está recibiendo tasas de conversión más bajas en comparación con otros vendedores que

puede significar que usted necesita intensificar los esfuerzos promocionales por su parte. Uso las conversiones como una línea guía a seguir para sus propios esfuerzos.

Si usted está recibiendo mucho más bajo que la mayoría de los otros afiliados, puede

quiere preguntar al propietario del producto qué ha funcionado para otros en la promoción

sus productos.

¿Este programa tiene muchas herramientas y recursos? Encontrar

Programas de afiliados que proporcionan herramientas adecuadas para promover el producto

será una gran ayuda para usted en sus esfuerzos de promoción.

Muchas veces puede notar que no hay herramientas disponibles para que usted use

durante su promoción. No tenga miedo de preguntar al propietario del producto si

estas herramientas para ayudar. Muchas veces sólo han estado ocupados y

se olvidó de cargarlos en las páginas de herramientas. Muchas otras veces que

sólo que nunca pensé en ello, pero estaría encantado de al menos proporcionarle

algunos buenos anuncios de copia de deslizamiento o banner para ayudarle a promover mejor su

Producto.

- Cómo se realiza un seguimiento de las referencias del sitio de un afiliado y durante cuánto tiempo permanecen en el sistema?

¿Cuáles son los tipos de estadísticas de afiliados disponibles? Muchos Afiliados programas le proporcionarán informes que puede rastrear clics en sus enlaces, ventas que hizo y su tasa de conversión, etc. Estos son importante saber para que pueda realizar un seguimiento de sus esfuerzos promocionales y tener una mejor comprensión en cuanto a lo que está pasando y hacer cualquier cambio necesarios para obtener mejores resultados.

- ¿El programa de afiliados paga por los golpes e impresiones, además de las comisiones por ventas?

¿Con quién haces negocios? (¿Es realmente una empresa sólida?) Por todos los medios que usted debe investigar cualquier negocio que está a punto de convertirse en como vendedor afiliado. Es importante saber a quién están trabajando con y qué tipo de reputación tienen. Tómese el tiempo para hacer su investigación antes de que termine quemado por alguien con una reputación menos que honorable.

• ¿Es el afiliado un programa de uno o dos niveles? La diferencia entre

el programa de uno y dos niveles es los dos niveles, usted será compensado

para cualquier comisión generada por otros Afiliados que se refiere a la

Programa de afiliados.

¿Es este un programa que te gusta y que te interesa? Si no excita

e interesarle cómo va a ser en la promoción exitosa del producto?

Necesitas que tu público objetivo sienta tu entusiasmo e interés

el producto que promueves para que sientan que es algo de gran

importancia para ellos también.

¿Es una buena opción para su público objetivo? Usted no tendrá éxito en

promocionar productos en los que su mercado objetivo no está interesado. Estoy seguro de que esto

es una no-cerebro para la mayoría de la lectura de este libro ϑ

Por último, ¿cuál es la cantidad de comisión pagada? Creo que éste habla

por sí mismo. Asegúrese de saber qué tipo de comisiones es

trabajando duro para. Mi recomendación es no involucrarme con

comisiones inferiores al 50% a menos que sea para artículos de billetes altos.

Uso de recomendaciones de productos para aumentar su línea de fondo

La recomendación de productos es una de las formas más efectivas de promover un

Producto.

Si los clientes confían en usted, confiarán en sus recomendaciones.

Recomendar productos en los que tenga confianza. Aquellos que está recomendando

productos para sentir la confianza que usted tiene en cualquier producto dado.

Dar una buena revisión del producto.

No tenga miedo de mencionar cosas que no le gustan de los productos durante su

Revisión. Tienes que tener cuidado de no hacer que el producto suene como si fuera realmente un mal

Producto. Si el producto realmente tiene demasiadas cosas malas que incluirá en

Su evaluación me quedaría alejado de ella.

También tenga cuidado si usted está haciendo una revisión como en no recomendar un producto. Ser

cuidado de no romper un producto una parte de una manera de disminuir la credibilidad de la propietario del producto. Hay formas más efectivas de vencer a tu competencia que intentar

y derribarlos.

Lo he dicho muchas veces y voy a decir t una vez más, "Sólo promover los productos

que se ajustan a su público objetivo y satisfacen las necesidades y deseos que tienen".

CONOCE A TUS CLIENTES.

Promocione productos que se posicionen bien en el embudo de su producto. Debe tener sentido

al cliente antes de comprar. Es posible que tenga que volver atrás y leer la creación de

y posicionando su oferta irresistible si usted no está seguro en cuanto a lo que estoy hablando

sobre ahora mismo.

Darse a conocer en el radar de marketing de afiliados

Una de las mejores cosas que puede lograr como vendedor de afiliados es

usted y sus esfuerzos notados por los vendedores que está promoviendo para.

Esto abre todo tipo de oportunidades para usted que usted puede haber tenido un tiempo difícil

con antes, como encontrar socios de JV para ayudar a promover y hacer crecer su propia

Negocio.

A continuación se presentan las 4 mejores maneras en que siento que puede ir acerca de ser notado en el Afiliado

Radar.

1. Construye tu lista. Esto es enorme para usted y su crecimiento de afiliados en tantos

Maneras.

No sólo tener una lista más grande y más receptiva le ayuda a generar

más ventas como Afiliado, pero también una vez que tiene una lista establecida que es

trabajando para usted y creciendo puede aprovechar esta lista para conseguir que otros

tu lado para empezar a ayudarte. No permanece en secreto por mucho tiempo

que los vendedores son con una buena lista responsiva.

2. Establecerse como un Super-Afiliado. Vaya más allá de su Afiliado

esfuerzos por hacerse notar. Trabaja duro aprendiendo todo lo que puedas para convertirte en uno

de los principales Afiliados en su campo.

No tengas miedo de ponerte ahí fuera para ser visto. Haga todo lo posible para

establecer su presencia de cualquier manera que pueda.

3. Cree su propio producto bajo demanda. Crear el suyo propio en la demanda

productos le dan la credibilidad que necesita para llegar a la cima de su Afiliado

Esfuerzos.

Muchas personas entrarán en Marketing de Afiliados porque sienten que

lejos de tener que crear sus propios productos.

Siento que esto es algo que no podría estar más lejos de la verdad. Si usted está

va a estar recomendando productos que sólo es lógico que tenga que

tienen credibilidad y ser visto como un experto en su Nicho para ganarse el respeto

y la confianza de aquellos a los que está recomendando productos.

Crear sus propios productos también le da algo que ofrecer a cambio

cuando el propietario del producto de los productos de Afiliados que está promoviendo ve la

gran trabajo que has estado haciendo y te pregunta cómo él o ella puede ayudarte.

Elegir no crear sus propios productos no es más que dejar montones de

dinero sobre la mesa para que otros Afiliados y propietarios de productos cobren derechos

de debajo de ti.

4. Desarrollar relaciones con otros vendedores. Una vez más esto es poner su-yo

por ahí para ser visto. Haga todo lo posible para construir relaciones sólidas y dejar que

otros ven que usted está buscando hacer un buen trabajo y dispuesto a aprender.

Muéstrales que te refieres a negocios y que tienes la intención de quedarte a largo plazo. Es difícil

para construir relaciones con alguien sólo para que se caigan del planeta

después de algún tiempo y no se sabe de nuevo.

Marketing de Afiliados en la Ecuación de Monetización

Hay un cierto orden que tiene que ser seguido si realmente va a ser

éxito en ser un Vendedor de Afiliados.

No es sólo agarrar un enlace de afiliado para cualquier producto de afiliado antiguo y esperar

hacer un montón de dinero.

Sí, es posible ganar dinero con este método, pero no es el método el

fuertes Afiliados utilizan para hacer grandes cantidades de dinero en efectivo.

Todo comienza con "YOU" proporcionando una solución a un problema a través de Great Content...

Su contenido es encontrado por aquellos que buscan en la web la solución a la

problema que ha encontrado que tienen a través de su investigación adecuada. Esto se sabe como su tráfico.

Una vez que tu tráfico se encuentra contigo debido a que estás bien posicionado para enfrentarte a ellos,

comienzas el proceso de pre-venta que se crea a través de la relación y más

buen contenido sólido que se entrega en exceso al visitante.

Entonces y sólo entonces, viene la monetización.

Contenido... El solucionador de problemas

Los visitantes en línea buscan Contenido. ¡No te están buscando! (Al menos no lo hacen

saber que lo están todavía)

Los visitantes no te conocen, y la mayoría ni siquiera se preocupan por ti. Están enfocados

soluciones a sus problemas o necesidades ante todo. Tienes que destacar

por encima de la multitud y ser el que encuentran! Si no... ¡Fallas!

Hay un par de cosas muy importantes que debe recordar cuando se trata

al contenido que está proporcionando.

- Posicionándose correctamente frente a sus visitantes sobre su

Competencia.

- Diferenciarse de su competencia.

Haga todo lo posible para ofrecer un gran contenido que, ante todo, ayuda a resolver

sus visitantes problemas. Al hacerlo, construirá Gran Tráfico, que le da

la oportunidad de ser Pre-vendido. Entonces y sólo entonces, estás listo para monetizar.

Es necesario empezar desde el principio no en el resultado final deseado.

No seas como tantas personas que primero pasan tiempo y energía estableciendo un

carrito de compras y una cuenta de comerciante o alguna otra forma de "recoger el dinero.

Convierta el conocimiento en contenido. A continuación, convierta su contenido en ingresos.

Hay una vez más un proceso de flujo que puede establecer en su lugar para ayudarle a lograr la

resultado deseado de convertir su contenido en ingresos.

Generación de Tráfico

Un negocio de afiliados en crecimiento debe tener tráfico para sobrevivir correctamente. Si

no tiene tráfico al contenido que el proceso de monetización no se producirá.

El tráfico es considerado por muchos el alma de cualquier negocio en línea o fuera de línea.

Un negocio en línea no es diferente de un negocio fuera de línea sin tráfico.

Por supuesto, también necesita el tipo correcto de tráfico para que la monetización

suceden correctamente también.

Sin tráfico en el sitio web, su sitio web no le hará dinero o

generar cualquier cliente potencial. No es de extrañar que la mayoría de la gente no lo sepa. Ellos equivocadamente

creer en el principio "Construirlo y vendrán" pensando que sólo tienen que

construir un sitio web y el tráfico se bandadará automáticamente a él.

Esto está completamente mal. Y por esta razón, varios sitios web terminan siendo

Abandonado. Aunque algunos visitantes aleatorios se encontrarán con su sitio web, el hecho de que

Sigue siendo... tráfico significativo para hacer dinero no sólo aparece.

Comience con una vía primero y domine esta vía de tráfico antes de pasar a

nuevos métodos.

Muchas veces los nuevos vendedores de afiliados se verán tan atrapados en tratar de generar

muchas vías de tráfico que nunca realmente consiguen bueno en cualquiera de ellos y sus esfuerzos

permanecer estancados.

Como verá en el siguiente diagrama tendrá que infundir su negocio en línea con muchas vías de tráfico diferentes.

Pre-venta para la monetización de afiliados

Pre-Venta está posicionando su oferta en la mente del visitante por lo que tiene sentido

¡Comprar!

Lo más importante que tienes que recordar es que estás tratando con un completo

extraño, y usted es un completo extraño para su nuevo visitante. No saben

usted, como usted, o confiar en usted YET! Hasta que el visitante se reúna con usted en su sitio web,

no tienen medios para establecer una relación con usted todavía.

La pre-venta es el momento de generar confianza de los visitantes en usted... (El factor de confianza)

¿Cómo? Por entrega excesiva... La entrega excesiva es cuando usted va más allá de lo que su

cliente fue prometido o siempre esperado... sus visitantes le "AMARán".

(A menos que ya tenga una gran marca como Amazon, "vender"

Los sitios web son ineficaces.)

La compilación de la lista es muy importante para su marketing general y es especialmente

importante para sus esfuerzos de pre-venta. Conseguir que una persona en su lista le dé la mano superior y te pone en control y te ofrece más oportunidades de pre-venta.

Un par de estas oportunidades de pre-venta que tiene a su disposición son

- Seguimiento de la serie de correo electrónico
- Webinars, Teleseminars, Mensajes de Difusión

Estos métodos son excelentes para seguir ofreciendo más contenido y valor a

su preventa a aquellos no vendidos en el sitio web.

Proceso de monetización de Marketing de Afiliados

De todos los pasos que hemos cubierto tendría que decir que la monetización es el

parte fácil.

Todo lo que ha puesto en su lugar si se hace correctamente conducirá a la monetización. Si

usted va a través de cada uno de los últimos 3 pasos y todavía no están viendo ningún tipo de

monetización tienes que volver y echar un vistazo a dónde te equivocaste en el

primeros 3 pasos.

Sus recomendaciones de productos afiliados (si están bien elegidas y posicionadas) deben

proporcionar un servicio adicional y proporcionar un valor apreciado para sus visitantes que

a su vez, te recompensará cuando abran su billetera y te lo devuelvan. (Usted ahora monetizado)

El modelo de afiliados es una excelente fuente de ingresos. (Siempre tiene sentido agregar

El marketing de afiliados como una gran fuente de ingresos para su negocio. yo recomiendo

que siempre diversifique sus fuentes de ingresos).

Una parte muy importante del proceso de monetización para que se dé cuenta es que,

la monetización es donde ahora tienes cierto control. Hasta este punto el visitante

estaba en completo control.

Podrían irse y usted nunca volvería a verlos ni a saber de ellos y perdería la

oportunidad de aportar más valor y realizar más ventas.

Contenido Blog Marketing de afiliados

La creación de blogs y / o sitios de nicho puede ser una excelente opción para los afiliados que tienen más

el tiempo y la creatividad que el dinero.

Si está buscando algún método de marketing de afiliados que ofrezca

resultados Debo decir desde el principio que esto no es para ti. Al igual que el marketing de artículos, este

La técnica puede llevar tiempo antes de que empiece a ver resultados, por lo que no es algo que

debe esperar mostrar retornos inmediatos.

Sin embargo, es una excelente manera de crear ganancias sostenibles a largo plazo y una gran

constructor de credibilidad con un mínimo de dinero gastado. ¡Piense en la coherencia!

Como muchos otros aspectos del marketing online, la coherencia es la clave para afiliarse.

Marketing a través de un blog de contenidos.

Costo de crear su propio blog autohospedado;

• Nombre de dominio y alojamiento, pero normalmente son bastante pequeños. $ 20- $ 50

Para empezar.

• Pequeño mensual para hosting. Generalmente menos de $ 20 al mes.

Aunque no recomiendo la opción gratuita para tu blog profesional, existen

muchas opciones para obtener su propio sitio o blog alojado de forma gratuita.

Los inconvenientes de un blog gratuito son que puede estar más limitado en opciones como, la apariencia

y la sensación del sitio, cuántas páginas puede tener su sitio, su monetización puede ser

limitado en todo caso, y control del contenido, y un gran destructor de credibilidad.

Tenga mucho cuidado al comprar sitios prefabricados ... estos sitios pueden tener funciones limitadas

como SEO!

Planifique bien y cumpla con el plan

Los planes para la monetización de su blog de contenido requieren que planifique bien y cumpla

tu plan.

El trabajo más duro está al principio. La primera venta es siempre la más difícil y costosa

¡Llegar!

Bloguear se vuelve más fácil una vez que ha ganado impulso. ¡Se consistente!

Una vez que tienes impulso, es difícil cambiar de dirección

Piense en sus lectores actuales ... ¿Aceptarán el cambio? Si usted tiene

lectores que están leyendo tu blog tal como lo estás ahora, debes tener en cuenta

teniendo en cuenta el hecho de que es posible que no les gusten los nuevos cambios y abandonen el barco.

Generalmente, cambiar de opinión significa empezar de nuevo y reconstruir desde cero. segundo

¡Cambiar de dirección a mitad de camino significa mucho tiempo perdido y dolor!

La primera impresión importante

Todos los días llegan nuevos visitantes a su blog a medida que se desarrolla más contenido y

optimizado. ¿Cuál es la primera impresión muy importante de los visitantes?

En este momento no son más que un visitante que es un cliente potencial. Ellos

no están familiarizados con usted o con la publicidad o el contenido de su blog, y

Además, no se preocupan por ti. (TODAVÍA)

Echemos un vistazo a algunas cosas que lo ayudarán a crear una excelente primera impresión.

para que los visitantes de su nuevo blog sigan deseando volver una y otra vez.

- Mantenga su sitio simple, limpio y fácil de navegar.

- No es momento de banners llamativos y botones de comprar ahora. Se trata de construir

una relación con las personas a través de su contenido y su marca. Mi favorito

decir en este punto es: "¡Solo porque puedas no significa que debas!"

Tómate un momento para pensar en lo que acabo de decir y creo que se asimilará

en cuanto a lo que estoy hablando.

- Proporcionar contenido de resolución de problemas, relevante y específico para un nicho. Recuerda

que el propósito del contenido es proporcionar valor a los demás. ¿Proporcionas

valor genuino, y ¿es lo mejor que puede ofrecer?

Una vez que gane la confianza y el amor de los visitantes en lo que les da, puede comenzar a monetizarlos.

Requiere tiempo, dedicación y coherencia, pero si crea contenido excelente

que la gente quiere leer, se abren múltiples fuentes de ingresos

- ¡Nunca crea que el visitante de su sitio web se preocupa por usted o su producto!

Su visitante echa un vistazo a su sitio web, se da la vuelta y se va….

¿Por qué? Diseñó su sitio web para sus necesidades, no para sus necesidades. Aquí está

algo aún peor en lo que pensar; después de que se vayan, irán a uno de

los sitios de sus competidores y compre algo.

Lo que les importa a los visitantes cuando se muestran en su sitio es, ¿el contenido

resolver sus problemas?

Un par de cosas para anotar y colocarlas donde pueda verlas como su edificio.

su página web:

- La única razón por la que existe mi sitio web es para resolver los problemas de mis clientes.
- ¿Qué problemas tienen?

Si desea obtener mejores resultados, detenga toda la exhibición de pequeños trucos de cuchilla.

Quiere que su visitante encuentre exactamente lo que vino a buscar.

No utilice poco contenido desechable solo para aumentar las visitas a la página y el anuncio.

impresiones.

Tu objetivo debe ser realmente ayudar a los visitantes que aparecen en tu blog y

mi opinión personal es que cualquier otra cosa les está haciendo perder el tiempo, así como la

tiempo que dedicó a agregarlo a su sitio.

Encuentro que los artículos ricos en contenido que realmente dan algo de carne al visitante son

mejor para generar enlaces y referencias y generar tráfico.

Haga que las primeras impresiones cuenten. Quieres que el visitante sienta como la visita a tu sitio

fue un tiempo bien empleado, y que el visitante se marcha sintiendo que ha disfrutado de

para llevar del contenido que proporcionó.

Tu estilo de escritura importa

El estilo en el que escribe las publicaciones de su blog puede afectar en gran medida a los lectores de

tu blog. Escribe como si conocieras personalmente a cada persona que lee tu blog.

Mi sugerencia es trabajar siempre para construir una relación con su

lectores para que sientan que te "conocen".

Tomando este tiempo para que ellos te conozcan, y conociendo tu

lectores, desarrollará una base de lectores leales para su blog.

Tenga cuidado ... Piense en un experto creíble versus amistades

Demuestra que te preocupas y estás interesado en tus lectores. Esto desarrollará la lealtad

e incluso ayudar a que su blog se vuelva viral. Esto no solo te trae más lectores

en última instancia, ofrece más clics de enlaces de afiliados.

Mire sus publicaciones de blog desde la perspectiva de sus lectores. ¡Léelos!

Creación del contenido de su blog

En la siguiente sección, voy a discutir 4 formas de generar contenido excelente que

ayudarlo en el proceso de monetización de sus esfuerzos de blogs.

1. Escríbalo usted mismo: el mejor método ... después de todo, usted es el experto ...

la personalidad es algo bueno que se ve en tu trabajo. El inconveniente es que

consume mucho tiempo de su parte.

2. Subcontratación: puede realizar breves publicaciones de blog por aproximadamente $ 2-10 en

www.Articlez.com, ODesk.com, Warrior Forum, etc.

- Busque escritores que tengan un portafolio sólido. Solicite redacción relevante

muestras similares al tipo de redacción del artículo que necesita. Leer

ellos ... Si desea que las publicaciones de su blog tengan una buena clasificación, asegúrese de que

estar escrito para los lectores ante todo.

- Verifique siempre el contenido para asegurarse de que sea lo que desea y esté

buen contenido de sólidos. No aceptes tonterías.

- Solicite artículos, no publicaciones de blogs. La mayoría cobrará más si dices que

necesito una publicación de blog escrita.

- Pros y contras de la subcontratación

- Ventajas (Pros):

o No tienes que perder tiempo investigando

o El tiempo que ahorra al tener a otra persona para que escriba es tiempo

puede gastar marketing

o El costo es mínimo

o Suele ser eficaz y sorprendentemente rápido

o Por lo general, solo puede pagar después de aprobar el trabajo.

- Desventajas (Contras):

- o Es posible que el escritor no esté de acuerdo con sus términos (siga buscando)
- o El escritor puede tardar más de lo que ellos o usted anticiparon
- o El escritor no puede escribir en inglés con fluidez,
- o Puede terminar con un escritor aficionado en lugar de profesional.
- o Es posible que el escritor no tenga tanta experiencia en SEO como usted necesita
- o El escritor puede ser excelente en SEO, pero no muy bueno escribiendo

para los seres humanos

3. Blogs invitados

El intercambio de publicación de contenido de blog con otro bloguero se denomina "blogs invitados".

Una cosa para recordar siempre es que, cuanto mejor sea tu blog, mejor invitado

oportunidades que tendrás!

- Busque blogs que no compitan directamente entre sí por los lectores,

cuando lo haga, puede convertirse en un servicio adicional para los demás y para nuestro

respectivos lectores.

- Es posible que su blog se centre básicamente en oportunidades de trabajo desde casa y

dinero en línea para que pueda encontrar otro Blog que tenga que ver con algo similar o con un público objetivo al que le gustaría conocer el dinero de la vivienda

creando oportunidades como un Blog que se ocupa de los padres que se quedan en casa.

• Intercambias publicaciones de "invitados" ... Escribes contenido en ese Blog con una firma y

enlace (back-link) de nuevo a mi propio Blog

• El propietario del blog de padres Stay at home escribe contenido en su blog

con una línea de autor y un enlace (vínculo de retroceso) a su propio Blog

• Ahora tiene acceso a los lectores leales de otro blog y ellos tendrán

acceso a tu blog ..

4. Contenido de derechos de etiqueta privada (PLR)

El uso de productos con derechos de etiqueta privada o PLR es uno de mis favoritos de todos los tiempos.

formas de generar y encontrar contenido para mis blogs de contenido.

• Beneficios de PLR

o Ahorro de tiempo: ¿Quién no querría más tiempo en su día? Escritura,

aunque valga la pena, puede llevar mucho tiempo. Ese tiempo podría ser

mejor gastado en otro lugar.

o Económico: PLR es más económico. ¡A quién no le gusta eso! ▢

o Flexibilidad: reescríbalo, agregue su propio giro y personalidad

o Rentable: conviértalo en publicaciones de blog con sus enlaces de afiliados

- Centrarse en los informes PLR y los libros en particular.

o A diferencia de los artículos PLR, los informes de derechos de etiqueta privada permiten la reutilización

su contenido aún más fácil. Aproveche al máximo su dinero.

Enlaces de afiliados en sus publicaciones de blog

Uno de los métodos de monetización más efectivos es agregar

enlaces de afiliados relevantes a sus sitios.

Uno de los enlaces de afiliados más efectivos se puede encontrar dentro del texto de su blog.

enviar.

Puede estar pensando que nadie quiere aparecer en su blog y ser lanzado

todo el tiempo que están leyendo tu blog. Ese es un pensamiento bastante inteligente sobre

tu parte. Tu trabajo por escrito no es lanzar, es pre-vender y llevarlos a la

punto de llamada a la acción de su publicación. Con el aumento del uso de blogs, encontrará que

los lectores de blogs están acostumbrados a ver enlaces en publicaciones de blogs.

Siempre que el enlace sea relevante por estar allí, genera un beneficio relevante para el

lector, y ofrece una solución a su problema o necesidad, no ofenderá a nadie

y se encontrará con un clic más alto ... un clic a menudo será

conducir a una venta.

Lo que acabo de decir es algo muy importante. Venda anticipadamente el clic en

su enlace de afiliado a través de su contenido. Cuando alguien lee tu contenido,

necesitan sentir que están recibiendo ayuda y valor real. No lance un producto.

Su trabajo es pre-vender el producto y hacer que actúen haciendo clic en su

enlace de afiliado que ha colocado estratégicamente a lo largo de su publicación.

Aquí hay un par de cosas para recordar al escribir el contenido de su publicación;

• Muestre empatía (comprensión y comprensión de los sentimientos de los demás) con

la situación o el problema de su lector.

• Ofrecer un producto o servicio de Afiliado que les proporcione un

solución a su problema.

No subestime el poder de los enlaces de afiliados cuando su recomendación llega a miles diariamente.

Monetización a través de reseñas de blogs

Reseñas de blogs

Si tiene una lista de suscriptores, encontrará que a veces el contenido del correo electrónico es solo

no es suficiente para pre-vender su recomendación de producto. A veces solo se necesita un

un poco más de un empujón y una excelente manera de hacerlo es dirigir a sus visitantes a un Blog

Sitio de reseñas donde podrás aportar un poco más de carne a tu

recomendación.

Es posible que las personas no sean tolerantes con un correo electrónico extenso en el que esperan ver

un poco más de contenido que se entrega a través de su publicación en su blog.

Hay algunos beneficios realmente interesantes de usar el método de revisión de blogs.

- Con una reseña de blog, puede proporcionar imágenes de productos, insertar un video

revisar y, en general, ofrecer más contenido para pre-vender las ofertas.

- Las reseñas de blogs le permiten captar tráfico de los motores de búsqueda si

use el título del producto en el título de la publicación.

- Puede conectarse con su lista desde una revisión de blog. Envíelos a su blog para leer su reseña. Esto comienza a capacitar a sus lectores para que tomen medidas

en lugar de simplemente leer sus correos electrónicos.

No tenga miedo de decir lo obvio al escribir su reseña. No

subestime lo poco que su lector puede saber realmente sobre el tema o

producto que está revisando. No es necesario dar una historia de vida completa, pero un poco de

la información de fondo siempre es buena.

Sea específico - Ejemplo: Revisión de eventos en vivo ... Explique la atmósfera del evento,

la reacción de los asistentes a ciertos oradores, cómo se desempeñaron los anfitriones, el valor de

el contenido enseñado, ciertos puntos que realmente se destacaron en el contenido del hablante, etc.

Tu punto de venta único

Muchos especialistas en marketing están tratando de ganar algo de dinero extra con la revisión del blog.

vagón y muchos fallan y nunca ganan un centavo. Una de las razones por las que muchos nunca

tener éxito con una revisión de blog se debe a que no ofrecen nada diferente a

alguien mas. Piense en tener un "argumento de venta único", algo que su

revisión puede ofrecer que las personas no podrán encontrar en ningún otro lugar.

o ¿Consigues darle un toque humorístico?

o ¿Tiene una experiencia específica o poco común sobre el tema?

o ¿Es su opinión muy diferente a la de todos los demás?

o ¿Ha logrado ser el primero en revisar algo?

Utilice su propia singularidad individual que tiene a su favor. Tu enfoque

no se trata solo del producto que está revisando, sino también de su singularidad y por qué

alguien debería escucharte por encima de todos los demás.

No se limite a escribir sobre usted mismo.

Tenga cuidado al hablar de su singularidad. Una vez que los hayas enganchado

deja de ser el tema en cuestión. En otras palabras, asegúrese de no

escribir sobre ti mismo. Los revisores quieren saber sobre el producto, y eso debería

sé en lo que te concentras.

Al escribir su blog, revise la pregunta número uno que se encuentra en su

la mente debería ser, "¿qué quiere saber el lector?" esto es lo más importante

algo para recordar al escribir una reseña.

Puede elaborar la revisión más ingeniosa con las metáforas más inteligentes, pero a menos que el

Si el lector descubre lo que quiere saber, usted no ha hecho su trabajo como revisor.

Haga todo lo posible para pensar en el tipo de preguntas que probablemente se hagan sus lectores

ellos mismos sobre el producto o servicio que está revisando.

En general, encuentro que las preguntas que tengo en mente no están demasiado lejos

fuera de lo que mis lectores? Cualquiera que sea compensado directamente por escribir sobre un producto por un

El anunciante está cubierto por las nuevas reglas de la FTC.

Antes de dejar el tema de las reseñas de blogs, me gustaría recomendar que realmente

considere hacer reseñas en video de los productos que está revisando y agréguelos a

su sitio de revisión.

Video simple y simple se convierte.

Creación de un paquete de video simple

Otra excelente manera de monetizar su sitio web es creando un video muy simple

paquete y luego usarlo para dirigir tráfico a su página de compresión y regalarlo.

Estos videos son muy simples de crear y se pueden hacer usando herramientas muy simples y

equipo como una cámara digital con capacidades de video o un Flip Video que usted

Puede recogerlo por alrededor de $ 100- $ 130.

Este proceso implica encontrar de 10 a 20 preguntas que la gente hace de forma rentable.

Nicho de su elección.

Hay muchas formas de encontrar estas preguntas si no se le ocurren en

tu propio. A continuación se presentan algunas sugerencias.

- Visite foros dentro del nicho y descubra qué preguntas hacen las personas

preguntando.

o Si no encuentra ninguna pregunta, todo lo que necesita hacer es crear

una publicación y pida a las personas que publiquen las principales preguntas que tengan sobre el tema

estás trabajando.

- Visite sitios sociales como Twitter y Facbook.

o Nuevamente, se aplica lo mismo que con el foro. Si no ves a nadie

haciendo preguntas, pregúnteles.

- Verifique las respuestas de Yahoo.

- Realice una búsqueda en Google de las 10 preguntas principales sobre su tema o el

Los 10 mejores consejos sobre su tema si está haciendo una serie de consejos principales.

- Si tiene una lista, haga una encuesta y pregunte.

- Escriba una publicación en su blog pidiendo a las personas que le dejen las preguntas que tener sobre su tema.

- Asiste a eventos en vivo sin conexión, ya que este es un gran lugar para ver videos cara a cara.

hora.

- Asista a las llamadas de preguntas y respuestas en vivo de otros especialistas en marketing y escriba las preguntas que las personas están preguntando. Este también es un buen momento para escribir la respuesta si usted mismo No lo sé.

- Mire su correo electrónico. Muchas veces, los especialistas en marketing enviarán correos electrónicos después de hacer llamadas en vivo que le permiten saber cuáles fueron las preguntas principales asistentes.

- Aproveche su propia experiencia y las preguntas que tuvo la primera vez comenzó o que tiene ahora.

Sea creativo, las preguntas están ahí fuera y son bastante fáciles de encontrar.

Una vez que tenga sus preguntas, simplemente grabará un video de 3-4 minutos en cada pregunta y luego proporcione la respuesta.

Estos son los pasos que debe seguir:

1. Elija un nicho rentable del que tenga conocimientos o pueda investigar

para encontrar la información.

2. Cree de 10 a 20 preguntas sobre las preguntas principales que la gente quiere saber sobre

Nicho que has elegido. Puede cometer los 10 errores principales o los 10 principales

problemas, etc ...

3. Grabe videos cortos de 3 a 4 minutos que muestren el problema y la solución. 1 video

para cada una de las 10-20 preguntas

- Ejemplo: Hola, este es su nombre de su dominio. Soy un experto.

Comparte lo que te convierte en el experto y quiero compartir contigo

las 10 preguntas y respuestas principales que la gente quiere saber acerca de Tu

Nicho. Dé la pregunta n.° 1 y responda a la pregunta n.° 1.

4. Termine su video con algo como el siguiente ejemplo:

- He creado una serie de estos videos que realmente ayudarán a comenzar

su carrera de marketing de afiliados. Para recibir el conjunto completo de 10 videos

una serie de soluciones a los 10 problemas principales que enfrentan los nuevos afiliados continuamente plagado de simplemente ir a su dominio de página de Squeeze y yo

se los enviará directamente a usted.

5. Cargue cada uno de sus videos individualmente en YouTube con un llamado a la acción.

y enlace que los dirige de nuevo a su página de compresión. Asegúrate de que tus videos

están etiquetados correctamente con las palabras clave adecuadas que se utilizan para buscar su

tema para el que acaba de crear los videos. Quieres que se vean estos videos.

6. Luego, envíelos a su página (o blog) de Squeeze para optar por los otros

videos de la serie.

7. Elija un buen producto de afiliación relevante para enviar a su nuevo suscriptor

después de que se inscriban en su página de compresión. Una vez que se inscriban, los dirigirá

a la página de ventas de la oferta de afiliados que ha elegido,

8. Elija un producto con una buena página de ventas de conversión y una que sea directamente

relacionado con el nicho que ha elegido y que tendrá sentido en la mente de

el suscriptor.

A continuación se muestra el proceso de flujo de cómo se llevará a cabo este proceso de monetización.

Paso 1- El visitante encuentra su video en YouTube

Paso 2: se lleva al visitante a su página de compresión para recibir el paquete de video completo

que ha creado.

Paso 3: el visitante es llevado a una página de agradecimiento agradeciendo por optar por el regalo gratis

y ordenarles que vayan a la bandeja de entrada de su correo electrónico y confirmen que realmente quieren

el regalo gratis.

Paso 4: el visitante confirma haciendo clic en el enlace del correo electrónico e inmediatamente

llevado a una página de ventas para el producto afiliado que ha elegido que es relevante para

el tema sobre el que creaste los videos. Esta oferta agregará más ayuda sobre el tema.

Paso 5: después de comprar el producto afiliado, el comprador ahora es llevado al One

Página de oferta de tiempo del producto de afiliado para tener la oportunidad de hacer

Hay otra forma de abordar el proceso de monetización que puede parecer

menos doloroso para el visitante agarrar el producto de afiliado que ha elegido.

Paso 1- El visitante encuentra su video en YouTube

Paso 2: se lleva al visitante a su página de compresión para recibir el paquete de video completo que ha creado.

Paso 3: el visitante es llevado a una página de agradecimiento agradeciendo por optar por el regalo gratis

y ordenarles que vayan a la bandeja de entrada de su correo electrónico y confirmen que realmente quieren

el regalo gratis.

Paso 4: el visitante es llevado a la página de descarga del producto, donde encontrará un bono no anunciado esperándolo. Este bono puede ser otro obsequio gratuito para

registrarse para que los guiará a través de su enlace de afiliado para registrarse para el regalo gratis

y directamente en el propietario del producto del producto afiliado que ha elegido.

Uso de ofertas de bonificación para mejorar las recomendaciones de productos de afiliados

Una de las mejores formas de mejorar cualquier recomendación de producto de un afiliado es agregar

ofertas especiales de bonificación para el paquete.

En realidad, de lo que vamos a hablar es de agregar ofertas de bonificación que lo hagan

fácil para el visitante decir que sí porque verá más valor en el bono que

el producto de afiliados que les está ofreciendo.

Algo que debes tener en cuenta desde el principio es que el bono oferta, debe tener sentido en la mente de la persona que lee la oferta. usted

Siempre debe recordar esto.

Muchas veces verá ofertas de bonificación que realmente no tienen sentido de por qué alguien

los agregaría a una recomendación de producto debido al hecho de que no tienen

Relevancia.

Hay muchos beneficios de agregar ofertas de bonificación a sus recomendaciones en el

manera que vamos a discutir.

- Beneficios:

o Mayor conversión

o te da más credibilidad

o Mejores relaciones

o Más dinero

o Creas un producto

Permítanme exponer el formato paso a paso del uso de una oferta de bonificación que parece realmente

eclipsar el producto que está recomendando, y eso le ayudará a sacar provecho de su

Promociones de afiliados.

1. Elija un producto afiliado de gama baja ($ 17- $ 67). Trabajar para reemplazar

esto con su propio producto. Puede encontrar estos productos en varios lugares.

A continuación se enumeran solo 3 de los muchos lugares que puede buscar.

- ClickBank.com

- CB Engine Encuentre los productos del mercado de ClickBank que venden. Afiliado

los profesionales del marketing utilizan CBEngine para investigar los mejores ClickBank

Productos de Marketplace para promocionar.

- Pagar Dot Com. Com

2. Cree la oferta de bonificación definitiva sin complicaciones

- Mi sugerencia es un taller en línea; Buscar derechos de etiqueta privada

producto en el nicho que ha elegido, y que tendrá sentido para

conviértase en un bono, o créelo a partir del contenido del producto del afiliado

estás promocionando.

- Crear un curso de capacitación en línea de 2 a 4 módulos que recorra el

cliente que compra su producto de afiliado de la mano a través del paso

proceso paso a paso para aprender el tema de nicho para el que es afiliado.

- Nota: No es necesario que la oferta de bonificación esté completamente lista. Se vuelve

un producto que vas a crear sobre la marcha. Entregarás esto

taller en vivo invitando a aquellos que por el producto Afiliado a

Preséntese a sus entrenamientos de taller en vivo.

Por supuesto, es posible tener esto ya grabado para que pueda

impartir el taller mediante el uso de grabaciones de video.

3. Escriba un correo electrónico y una publicación de blog que sean muy similares en contenido. El correo electrónico

enviará el primer día de la promoción. La publicación del blog va

para estar donde los enviarás el segundo día de la promoción.

Una opción a considerar es el uso de video en el blog en lugar de contenido escrito.

para una mayor conversión.

4. Comience el proceso de marketing enviando el primer correo electrónico. Vas a

observe en los diagramas que he proporcionado les muestro exactamente lo que debería ser

incluido en su correo electrónico que enviará. Este mismo contenido ser incluido en su blog a través de contenido escrito o video.

Una vez que el visitante lee su correo electrónico o su blog y hace clic en su enlace de afiliado para

compre el producto de Afiliado, ahora es el momento de entregar el bono prometido.

Como se indica en su correo electrónico, el cliente completará un ticket de soporte que le permitirá

saber que han comprado mostrando su recibo de compra que lo harán

recibir del propietario del producto del producto afiliado que está promocionando

Una vez que reciba el ticket de soporte, devolverá las instrucciones para copiar y pegar

indicándoles que hagan clic en el enlace adjunto que les dará todas las instrucciones

deben registrarse para recibir la bonificación del taller en vivo y cuándo comenzará.

El enlace en el que hacen clic los llevará a una página de apretón para inscribirse en el taller.

colocarlos en una lista para ayudarlo a comunicarse con los nuevos compradores.

Recuerde que no es necesario que comience el taller al día siguiente. Tienes un poco

hora. Trataría de comenzar el taller en un período de 7 a 10 días para mantener a todos emocionado por asistir.

Una vez que el cliente se registre en el taller, comenzará la doble opt in

proceso de confirmación de que realmente desean recibir esta información de usted.

Por supuesto que lo sabes por n De cualquier manera, tiene una excelente oferta única para monetizar aún más sus esfuerzos en

un precio más alto que el producto original que promocionó.

Todo el tiempo que el cliente está revisando su oferta única.

mágico comienza a suceder justo debajo de sus narices que comenzará una gran relación.

Se llama serie de correos electrónicos de seguimiento.

Una vez que se inscriban dos veces en su lista, se enviará su primer correo electrónico de seguimiento

agradeciéndoles por su compra y también indicándoles que revisen el Afiliado

producto que acaba de comprarle.

Recuerde que su taller se está desarrollando en torno al producto afiliado que

promovido a ellos. Les enseñará el sistema presentado en el

producto en más profundidad que el producto en sí.

Quiere que su cliente comience a revisar el producto para que se familiarice ellos mismos con los métodos enseñados.

En este mismo mensaje de seguimiento, le está dando al cliente la seguridad de que

los recibirá en los próximos días con más información sobre su

taller en vivo que estás creando.

El siguiente paso en el proceso es realizar el taller de capacitación en vivo.

Mi sugerencia es utilizar el servicio Ir al seminario web para que sus alumnos participen en la llamada.

para poder ver su pantalla.

También usaría Camtasia para capturar la grabación de su taller.

Recuerde que esto se está convirtiendo en un producto que está elaborando para usted y

posiblemente para una OTO que acaba de vender a sus clientes ofreciéndoles revender o

derechos de etiqueta privada para la formación.

Asegúrate de grabar.

Después de cada sesión de su taller, tiene una excelente oportunidad para ir tras

aquellos que no han comprado su Oferta Única para el paquete.

La razón por la que este es un buen momento para presentar su oferta es porque los asistentes

ahora vea la calidad de su entrenamiento y cuál será la calidad del producto que serán propietarios o venderán.

Sabrán exactamente lo que van a conseguir.

Después de su Capacitación, aún tiene más oportunidades de monetizar este increíble

proceso. Recuerda la magia que comenzó cuando tu primer mensaje de seguimiento fue

afuera.

Si ha hecho su trabajo correctamente, todavía tiene más mensajes de seguimiento listos

para salir que continuará construyendo su relación con sus nuevos clientes y

también promocione los productos de afiliados relacionados que desee recomendar. Puedes tomar

ellos de vuelta a través de todo el proceso una vez más.

Sistema completo completamente automatizado

Este es un gran sistema, pero requiere algunos esfuerzos y algo de trabajo de su parte.

Pero imagina este sistema completamente automatizado una vez que hayas realizado la

trabajo.

Sabes que tienes un sistema de monetización que te seguirá generando ingresos

día tras día y mes tras mes.

Cada vez que alguien aparece en su sitio web y se suscribe a su lista, se entregan este proceso completo comenzando con su Autoresponder Seguimiento

¡serie!

Una vez que se completa el proceso, dispara la siguiente oferta de producto y repite la misma

proceso.

Una vez que se completa el segundo proceso, dispara la siguiente oferta de producto y repite

el proceso de nuevo.

Lo configura todo simplemente copiando y pegando el método ... solo necesita cambiar el

redacción de la próxima oferta de producto.

Enjuague y repita... Simplemente dirige tráfico a su sitio web.

Resumen de marketing de afiliados

⦁ Los afiliados exitosos en cualquier programa de afiliados simplemente no se sientan a esperar

para que venga el dinero.

⦁ ¿Por qué? No hay dinero en simplemente sentarse y esperar.

⦁ Si quiere tener éxito en el marketing de afiliación y si quiere

Haga crecer continuamente sus cheques de afiliados, tiene que hacer algo.

⦁ Sobre todo diviértase siendo un comercializador afiliado. Es uno de los mejores

"Modelos de negocio" en el mundo.

Resumen de marketing

Este libro fue compilado para proporcionar un marco de referencia detallado y guiar su

esfuerzos a medida que se embarca en la creación de independencia financiera directamente de su

hogar.

Se le pedirá que trabaje y se mantenga concentrado. Todo esto es completamente alcanzable

y puede alterar el curso de su vida dramáticamente.

Tanto Dave como yo nos hemos beneficiado del poder del marketing online y podemos

Le aseguro que si sigue los pasos descritos en este manual, creará el

realidad de la que soñar y conocer es completamente posible.

www.ingramcontent.com/pod-product-compliance
Lightning Source LLC
Chambersburg PA
CBHW070853220526
45466CB00005B/1975